Impressum
Verlag: BABADADA GmbH, Nedderfeld 112 , 22529 Hamburg
Geschäftsführer / Verlagsleitung: Harald Hof
Druck: Books on Demand GmbH, In de Tarpen 42, 22848 Norderstedt

Imprint
Publisher: BABADADA GmbH, Nedderfeld 112 , 22529 Hamburg, Germany
Managing Director / Publishing direction: Harald Hof
Print: Books on Demand GmbH, In de Tarpen 42, 22848 Norderstedt, Germany

sukuudanmu
класна стая

kyemu
деление

186/2

twerɛ pono
черна дъска

sukuu mu
училищен двор

kyerɛkyerɛni
учител

twerɛ
пиша

krataa
хартия

pɛn
химикал

pono a yɛyɛ so adwuma
бюро

rula
линеал

nwoma
книга

sukuuni
ученик

baage

ученическа раница

twerɛdua konko

ученически несесер

twerɛdua

молив

deɛ yɛde sensen twerɛdua
ano

острилка за моливи

rɔba

гума

krataa a yɛdwi adeguso

блок за рисуване

adedwie

рисунка

penti brɔhye

четка

penti adaka

акварелни бои

apasɔɔ

ножица

aman

лепило

nwoma a yɛyɛ mu adwuma

тетрадка за упражнения

efie adwuma

домашна работа

nɔma

число

kabom

събиране

te fri mu

изваждане

mmɔho

умножение

sese

смятане

lɛtɛ

буква

ntwerɛeɛ

азбука

asɛmfua

дума

ntwerɛdeɛ

текст

kenkan

чета

kyɔk

тебешир

adesua

час

twerɛ wo din

дневник на класа

nsɔhwɛ

изпит

abodinkrataa

свидетелство

sukuu ataadeɛ

ученическа униформа

adesua

образование

nyansa nwoma

справочник

suapɔn

университет

maakroskop

микроскоп

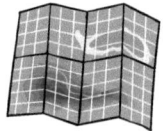

map

карта

kɛntɛn a yɛde krataa nwura
gu mu

кошче за хартиени
отпадъци

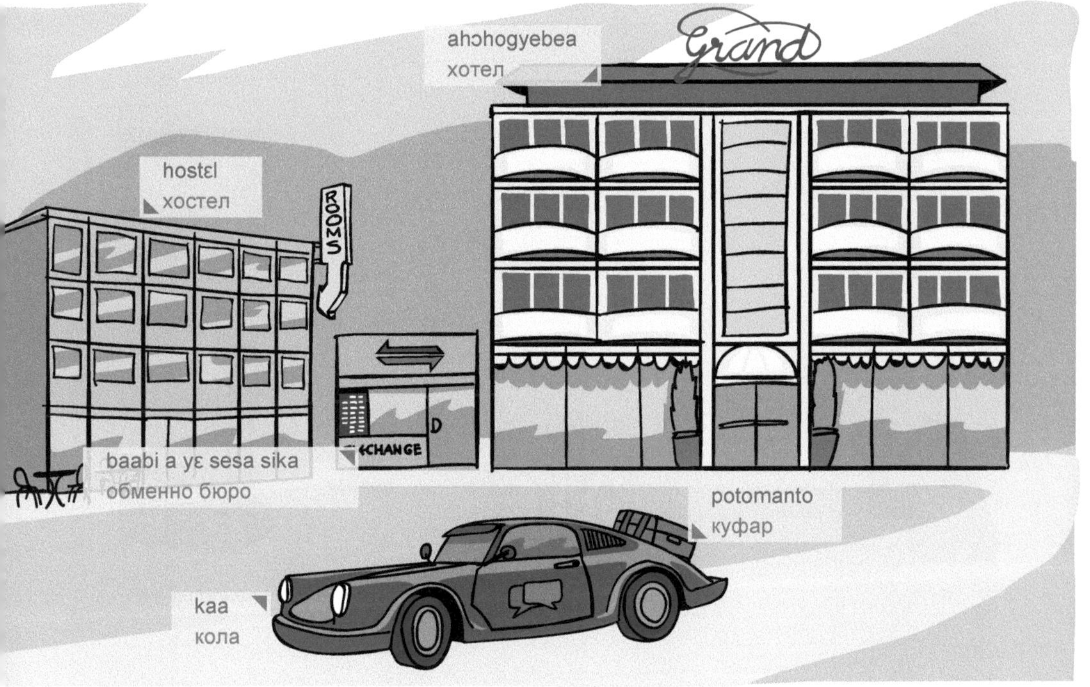
ahɔhogyebea
хотел
Grand
hostɛl
хостел
ROOMS
EXCHANGE
baabi a yɛ sesa sika
обменно бюро
potomanto
куфар
kaa
кола

kasa

език

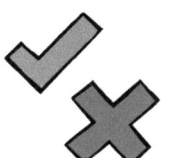

aane / dabi

да / не

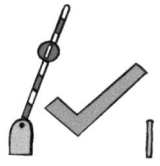

Yoo

Окей

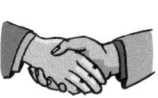

hɛlo

здравей

kasa asekyerɛfoɔ

преводач

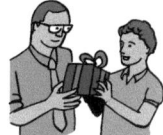

Medaase

Благодаря

...bɔɔ yɛ sɛn?

Колко струва...?

Me nte aseɛ

Не разбирам

ɔhaw

проблем

Maadwo!

Добър вечер!

Maakye!

Добро утро!

Dayie!

Лека нощ!

baibai o

довиждане

akwankyerɛ

посока

wo nneɛma

багаж

bɔtɔ

пътна чанта

akyirebɔtɔ

раница

ɔhɔhoɔ

посетител

danmu

стая

bɔtɔ a yɛda mu

спален чувал

ntomadan

палатка

ɔkwo dema wɔn a wɔkɔ
nsrahwɛ

туристическа информация

mpoano

плаж

kaade a yɛde yi sika

кредитна карта

anɔpa aduane

закуска

awua aduane

обед

anwumerɛ aduane

вечеря

tiket

билет

pegya

асансьор

stamp

пощенска марка

ɛhyeɛ so

граница

kutɔmfoɔ

митница

embasi

посолство

visa

виза

passpɔt

паспорт

akɔneabadie

транспорт

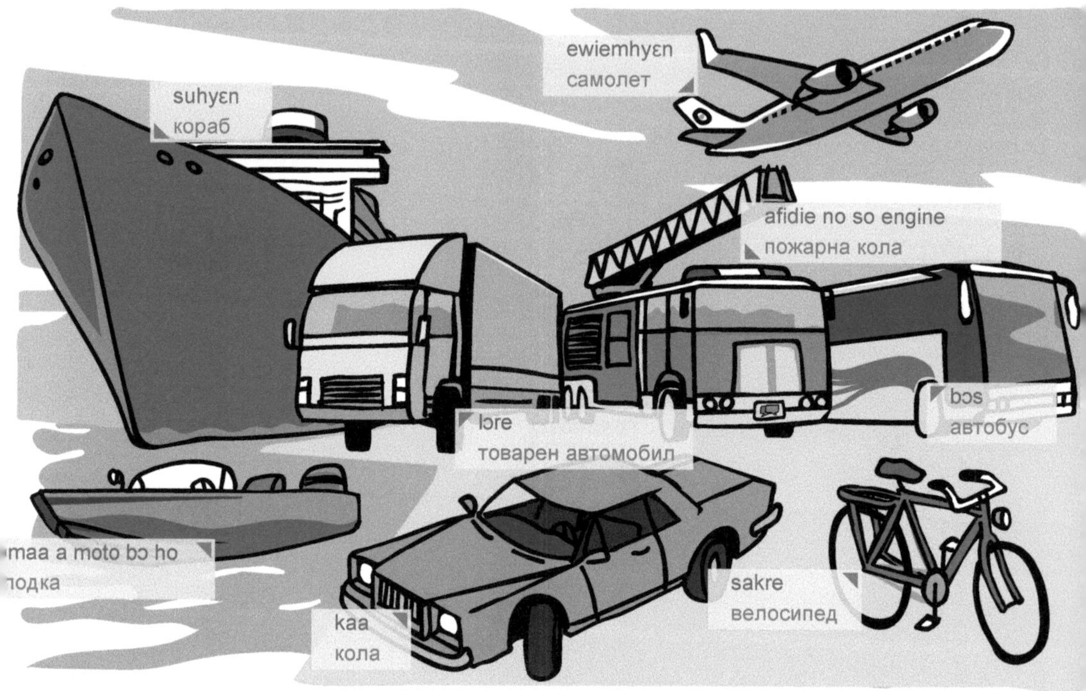

ewiemhyɛn
самолет
suhyɛn
кораб
afidie no so engine
пожарна кола
bɔs
автобус
lɔre
товарен автомобил
maa a moto bɔ ho
лодка
sakre
велосипед
kaa
кола

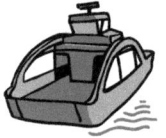

hyɛma

фериботт

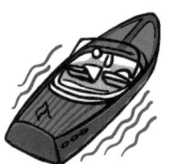

suhyɛn kumaa

лодка

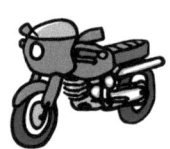

motosakre

мотоциклет

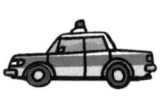

polisifoɔ kaa

полицейска кола

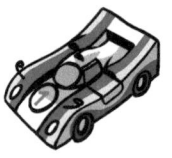

kaa a ɛkɔ mirika akansie

състезателна кола

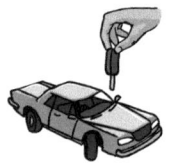

kaa a yɛde ma ahan

кола под наем

wɔre kyɛ kaa

каршеринг

ɔre a asɛɛ

автомобил от "Пътна помощ"

bɔɔla kaa

сметовоз

moto

двигател

pɛtro

бензин

baabi a yɛbu pɛtro

бензиностанция

trafik ahyɛnsodeɛ

пътен знак

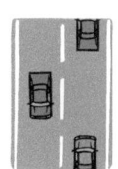

trafik

улично движение

trafik akye

задръстване

baabi a yɛde kaa esi

паркинг

keteke gyinabea

гара

keteke kwan

релси

keteke

влак

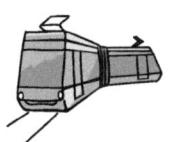

tram

трамвай

ponkɔ kaa

вагон

helikopta

хеликоптер

ewiemhyɛnbea

аерогара

abansoro

кула

apasingyani

пасажер

tontowa

контейнер

adaka

кашон

kaate

ръчна количка

kɛntɛn

кошница

atu / asi fam

излитам / приземявам се

kuro kɛseɛ

град

akurase

село

kuro dwaberɛ mu

градски център

efie

къща

10   kuro kɛseɛ - град

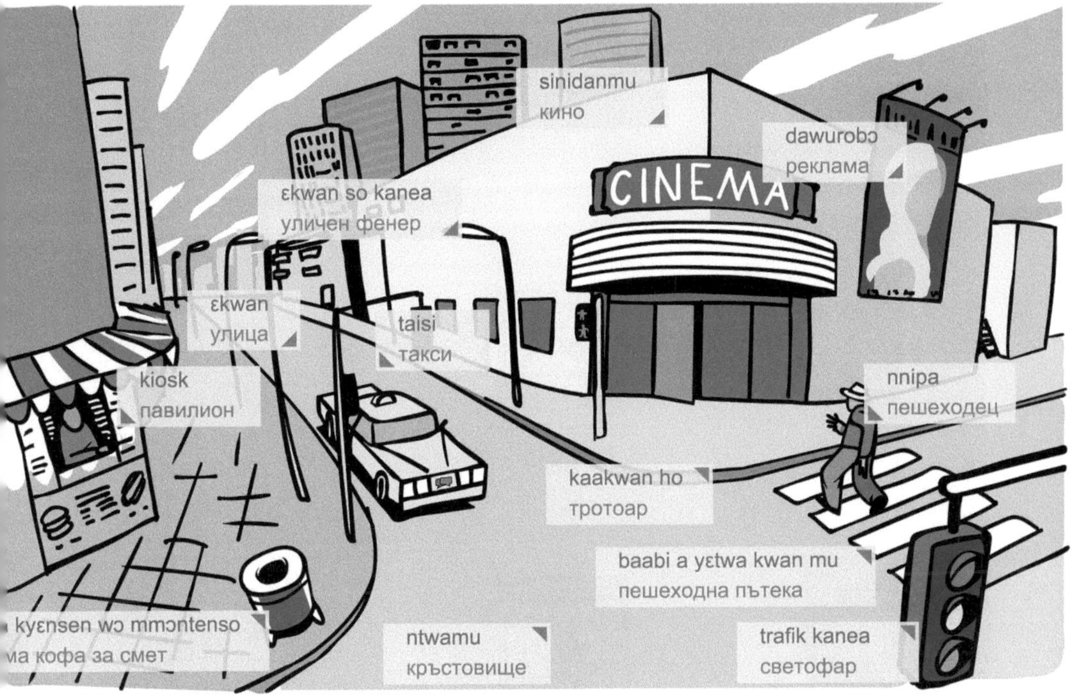

sinidanmu
кино

dawurobɔ
реклама

ɛkwan so kanea
уличен фенер

ɛkwan
улица

taisi
такси

nnipa
пешеходец

kiosk
павилион

kaakwan ho
тротоар

baabi a yɛtwa kwan mu
пешеходна пътека

kyɛnsen wɔ mmɔntenso
ма кофа за смет

ntwamu
кръстовище

trafik kanea
светофар

apata

хижа

efie

жилище

keteke gyinabea

гара

adwaberɛm

кметство

bea a yɛ kora tete nneɛma

музей

sukuu

училище

suapɔn

университет

sikakrobea

банка

ayaresabea

болница

ahɔhogyebea

хотел

famasi

аптека

asoeɛ

офис

sotɔɔ a wɔtɔn nwoma

книжарница

sotɔɔ

магазин за цветя

baabi yɛtɔn nhwiren

магазин за цветя

sotɔɔpɔn

супермаркет

edwam

пазар

sotɔɔ kɛseɛ

универсален магазин

baabi a yɛtɔn mpataa

търговец на риба

dwadibea kɛseɛ

търговски център

suhyɛn gyinabea

пристанище

baabi kaa gyina

парк

bɛnkye

пейка

ɛtwene

мост

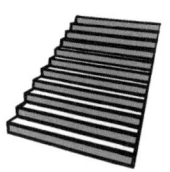

atwedeɛ

стълба

asaase ase

метро

ɛbɔn

тунел

baabi a bɔs gyina

автобусна спирка

nsanombea

бар

adidibea

ресторант

lɛta adaka

пощенска кутия

ɛkwan so akwankyerɛ

улична табелка

baabi kaa gyina ho mita

часовник за паркинг
престой

zoo

зоологическа градина

nsuo a yɛ dware mu

плувен басейн

nkramodan

джамия

afuo

селски двор

dee egu mmɔnten so fi

замърсяване на околната среда

asieɛ

гробище

asɔre

църква

agodibea

детска площадка

asɔre dan

храм

mmɔnten so asiesie

пейзаж

ahaban
листо

sanbɔd
пътепоказател

kwan
път

asaase a ɛsere wɔ so
ливада

boba
камък

dua
дърво

ɔnantefoɔ
пътешественик

asubɔnten
река

ɛserɛ
трева

nhwiren
цвете

amenamʊ

долина

bepɔ

планина

tadeɛ

море

kwaeɛ

гора

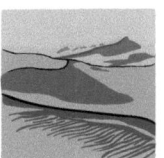

ɛserɛ so

пустиня

egya a efri botan mu

вулкан

abankɛseɛ

замък

nyankontɔn

дъга

emere

гъба

abɛtene

палма

ntomntom

комар

tu

муха

ntɛtea

мравка

wowa

пчела

ananse

паяк

amankuo

бръмбар

apɔnkyerɛni

жаба

opuro

катеричка

apɛsɛ

таралеж

adanko

заек

patuo

кукумявка

anomaa

птица

nsuo mu dabodabo

лебед

kɔkɔte

диво прасе

adoa

елен

ɔtweenini

лос

dam

бент

wind turbine afidie

вятърна турбина

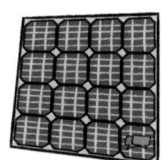

afidie a ɛkye awia

соларен модул

wiem nsakraeɛ

климат

adidibea
ресторант

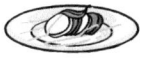

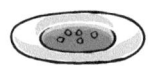

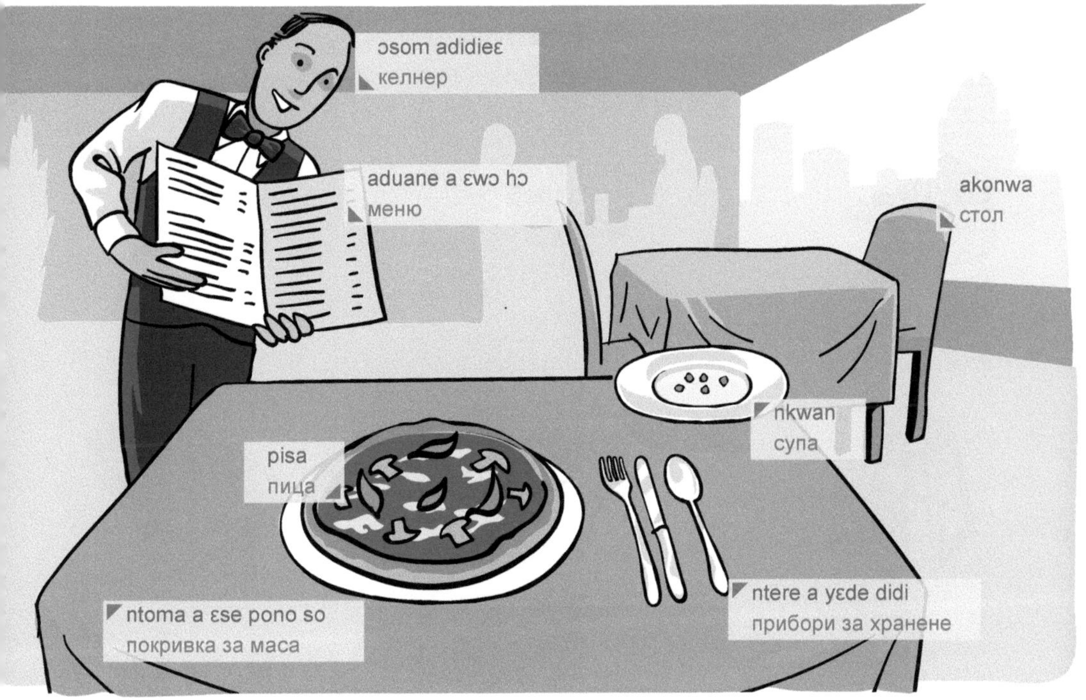
ɔsom adidieɛ
келнер
aduane a ɛwɔ hɔ
меню
akonwa
стол
nkwan
супа
pisa
пица
ntere a yɛde didi
прибори за хранене
ntoma a ɛse pono so
покривка за маса

mprampra anom
предястие

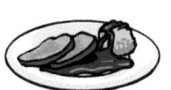

aduane no ankasa
основно ястие

mpa anom
десерт

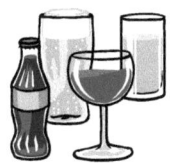

nsa
напитки

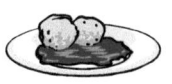

aduane
ядене

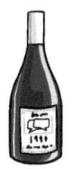

toa
бутилка

aduane hyewhyew

бързо хранене

abɔnten so aduane

улична храна

tii kukuo

кана за чай

asikyire konko

кутия за захар

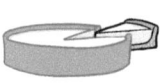

wo kyɛfa

порция

espresso afidie

еспресо машина

akonwa tenten

висок детски стол

wo ka

сметка

apanpan

табла

sekan

ножица за нокти

adinam

вилица

atere

лъжица

atere ketewa

чаена лъжичка

napkin a yɛde pepa ano

салфетка

glase

стъклена чаша

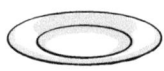

prɛte

чиния

kwan kyɛnsee

чиния за супа

prɛte ketewa

чинийка

abomu

сос

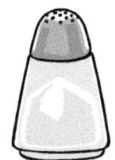

nkyene kukuo

солница

yɛde yam mako

мелничка за черен пипер

fenega

оцет

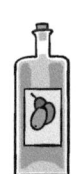

anwa

олио

aduhwam

подправки

kɛkyɔp

кетчуп

mustad

горчица

mayones

майонеза

sotɔɔpɔn

супермаркет

ntesoɔ soronko
оферта
FOR
adetɔfoɔ
клиент
nanatwie nufusuo
млечни продукти
aduaba
плодове
hwiili
количка за покупки

BUTCHERS

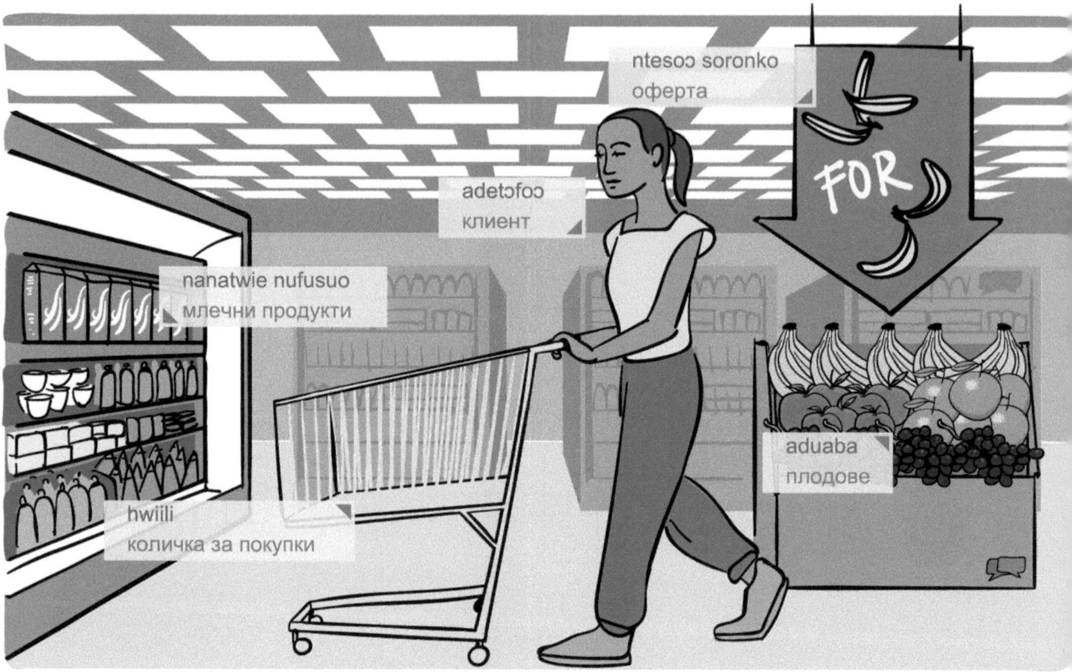

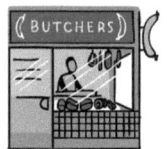

baabi a yɛtɔn nam

клaница

BAKERY

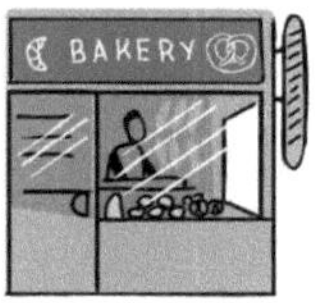

baabi a yɛtɔn paano

хлебарница

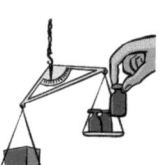

susu

тегля

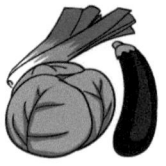

atosodeɛ

зеленчуци

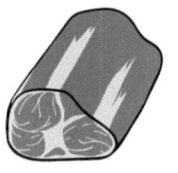

nam

месо

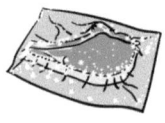

frigyemu aduane

дълбоко замразена храна

nam a adwɔɔ

нарязан колбас или
сирене

kyɛnsee mu aduane

консерви

paoda samena

перилен препарат

adedɔkɔdɔkɔ

лакомства

efie nneɛma

домакински изделия

adetɔneɛ a yɛde pepa fin

почистващи препарати

nnipa a ɔtɔn adeɛ

продавачка

afidie a egye sika

каса

ɔgyegye sika

касиер

krataa a wodi rekɔ di dwa

списък на покупките

berɛ a wɔde bua

работно време

sikabɔtɔ

портфейл

kaade a yɛde yi sika

кредитна карта

baage

чанта

rɔba baage

пластмасова торба

nsuo

вода

aduaba mu nsuo

сок

nufusuo

мляко

kok

кола

wain nsa

вино

biya

бира

mmorosa

алкохол

kokoo

какао

tii

чай

kofe

кафе машина

espresso

еспресо

kapukyino

капучино

kwadu

банан

apol

ябълка

ankaa

портокал

melon

пъпеш

akutɔɔ

лимон

karɔt

морков

garlik

чесън

pampro

бамбук

gyeene

лук

mmere

гъба

nkateɛ

ядки

talia

макарони

spageti

спагети

ɛmo

ориз

salad

салата

kyipis

пържени картофи

abrɔdwomaa a y'akye

печени картофи

pisa

пица

hambɔga

хамбургер

sanwekye

сандвич

nam a dompe nnim

шницел

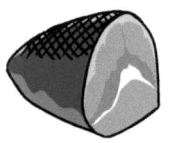

preko nam

шунка

nam a y'ahata

траен колбас

sɔsege

салам

akokɔ

пиле

toto

печено

apataa

риба

oosu koko

овесени ядки

muesli

мюсли

konflese

корнфлейкс

esam

брашно

krossant

кроасан

paano a y'abobɔ

хлебчета

paano

хляб

paano a y'atoto

препечена филийка

biskete

бисквити

bɔta

масло

nufusuo a ada

извара

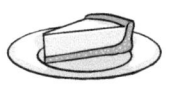

keeke

сладкиш

kosua

яйце

kosua a y'akyeɛ

яйца на очи

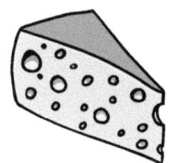

kyiis

сирене

asskrim

сладолед

asikyire

захар

ɛwoɔ

мед

gyaam

мармалад

kyokolete

нуга крем

kɔri

къри

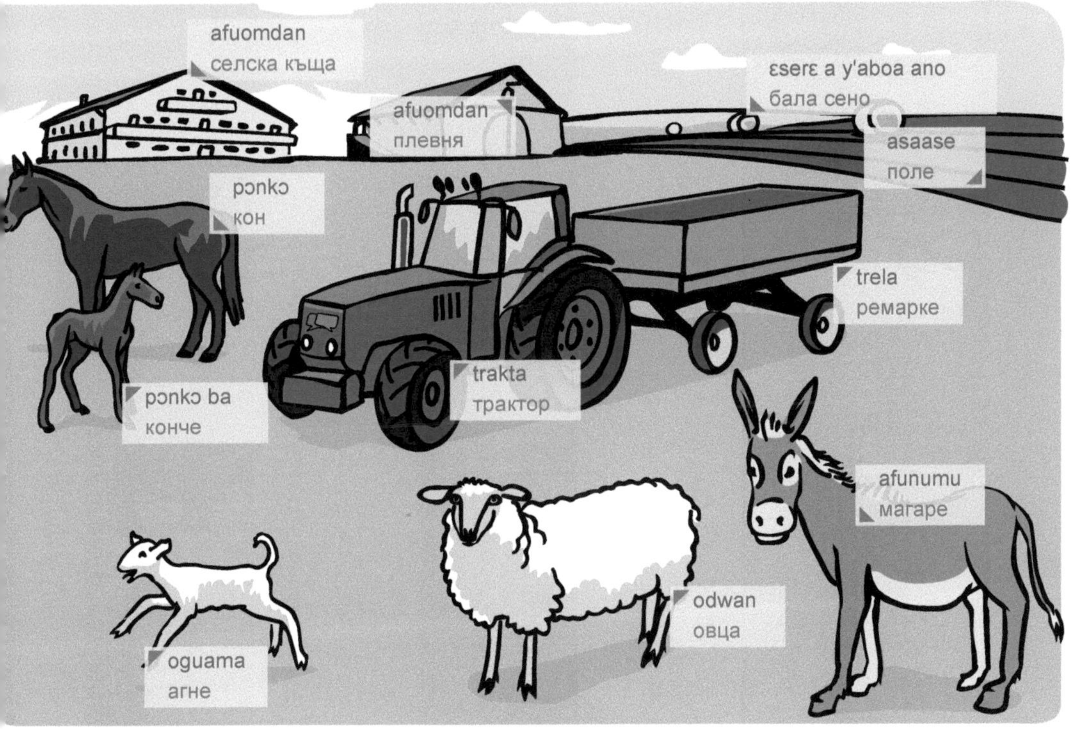

afuomdan
селска къща

afuomdan
плевня

ɛserɛ a y'aboa ano
бала сено

asaase
поле

pɔnkɔ
кон

trela
ремарке

trakta
трактор

pɔnkɔ ba
конче

afunumu
магаре

odwan
овца

oguama
агне

apɔnkye

коза

nantwie

крава

nantwie ba

теле

prɛko

свиня

prɛko ba

прасенце

nantwinini

бик

dabodabo nua

гъска

dabodabo

патица

akɔkɔba

пиленце

akokɔbedeɛ

кокошка

akokɔnini

петел

kusie

плъх

ɔkra

котка

akura

мишка

nantwinini

вол

kraman

куче

kraman buo

кучешка колиба

afuom drobɛn

градински маркуч

tontora a yɛde gu nsuo

лейка

sekan a yɛde twa aburo

коса

funtum dadeɛ

плуг

kɔntɔnkrɔ

сърп

asɔ

мотика

afuom adinam

вила за тор

akuma

брадва

hweebaro

ръчна количка

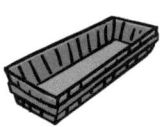

adidika

корито

nufusuo konko

съд за мляко

bɔtɔ

чувал

ɛban

ограда

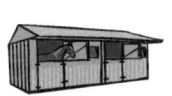

pɔnkɔ dan

обор

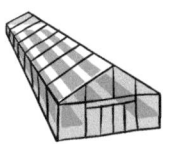

ntomadan a yɛyɛ mu afuo

парник

anwea

земя

aba

сеитба

ɔyɛ asaaseyie

тор

otwaberɛ trakta

комбайн

twa

жъна

otwaberɛ

реколта

bayerɛ

ямс

ayuo

жито

soya

соя

abrɔdwomaa

картоф

aburo

царевица

repu aba

рапица

dua a ɛso aba

овощно дърво

bankye

маниока

aburo asefoɔ

зърнени храни

efie

къща

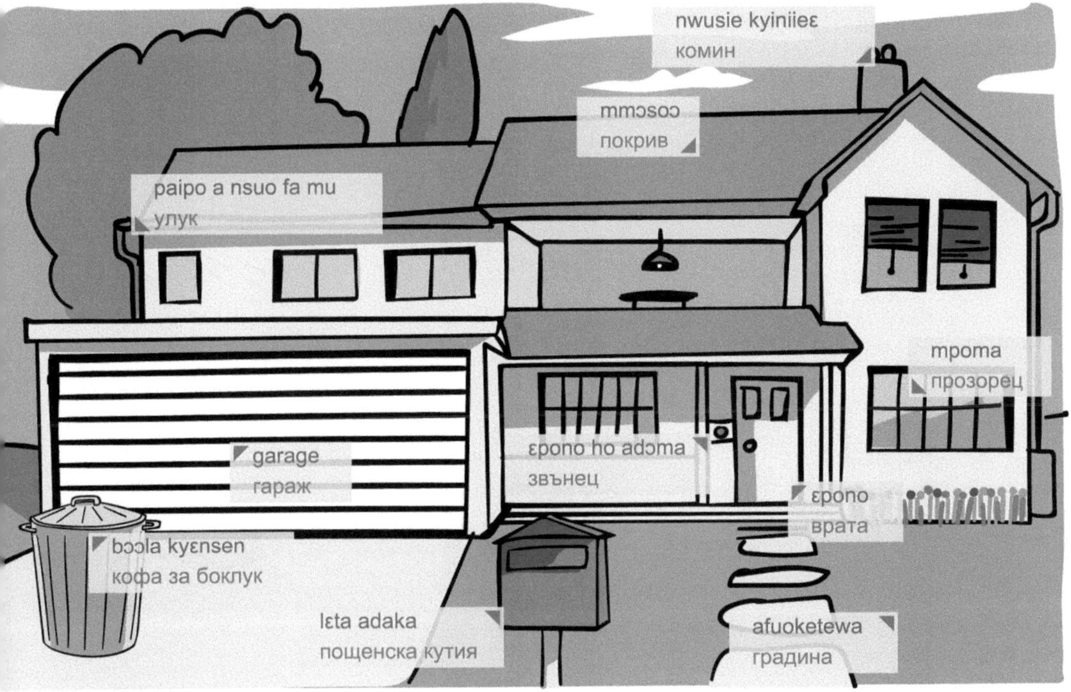
nwusie kyiniieɛ
комин
mmɔsoɔ
покрив
paipo a nsuo fa mu
улук
mpoma
прозорец
garage
гараж
ɛpono ho adɔma
звънец
ɛpono
врата
bɔɔla kyɛnsen
кофа за боклук
lɛta adaka
пощенска кутия
afuoketewa
градина

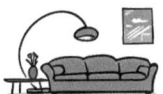

asaso

всекидневна

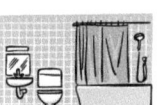

adwareɛ

баня

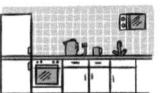

mukaase

кухня

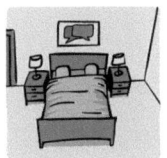

pie mu

спалня

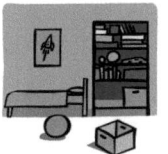

nkwadaa dan mu

детска стая

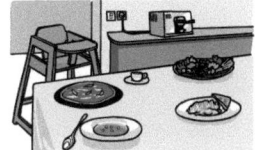

dan a yɛdidi mu

трапезария

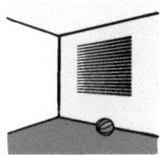

εfam

под

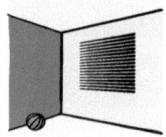

εban

стена

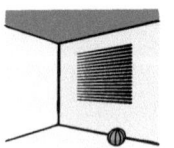

abruuso

таван

danbloo

изба

adwereε a εbɔ ɔhyew

сауна

abranaa

балкон

abranaaso

тераса

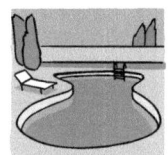

nsuo a yεdware mu

плувен басейн

afidie a yεde dɔ

косачка

nsεfam

спално бельо

ntoma a εse kεtε so

покривка за легло

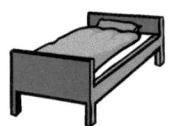

mpa

легло

prayε

метла

bokiti

кофа

dane

електрически ключ

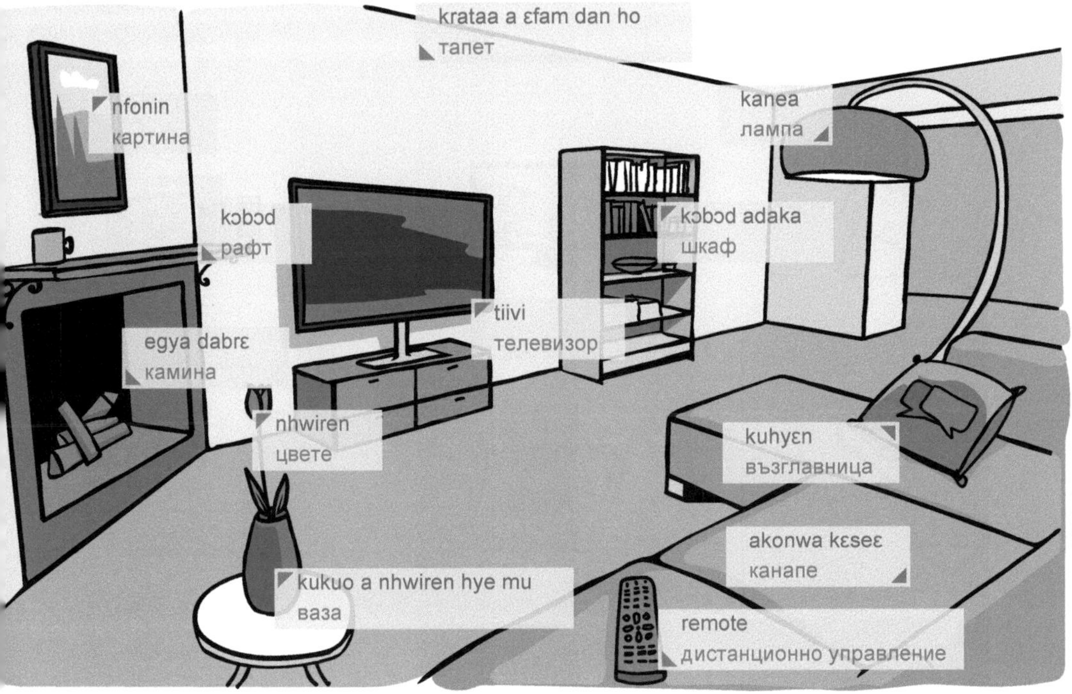

krataa a ɛfam dan ho
тапет

nfonin
картина

kanea
лампа

kɔbɔd
рафт

kɔbɔd adaka
шкаф

egya dabrɛ
камина

tiivi
телевизор

nhwiren
цвете

kuhyɛn
възглавница

akonwa kɛseɛ
канапе

kukuo a nhwiren hye mu
ваза

remote
дистанционно управление

kapɛte

килим

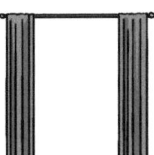

ntwaa dan mu

завеса

ɛpono

маса

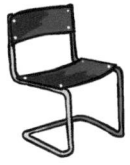

akonwa

стол

akonwa a ehinhim

люлеещ се стол

akonwa a yɛgyegye dan

кресло

nwoma

книга

kuntu

одеяло

dan mu nsiesie

декорация

egya

дърва за отопление

sini

филм

wailɛs

стерео уредба

safoa

ключ

koowaa krataa

вестник

nfonin a y'adwi

живопис

nfam danho

постер

radio

радио

krataa a yɛ twere mu

бележник

afidie a ɛprapra

прахосмукачка

kaktus

кактус

kyɛnere

свещ

mukaase
кухня

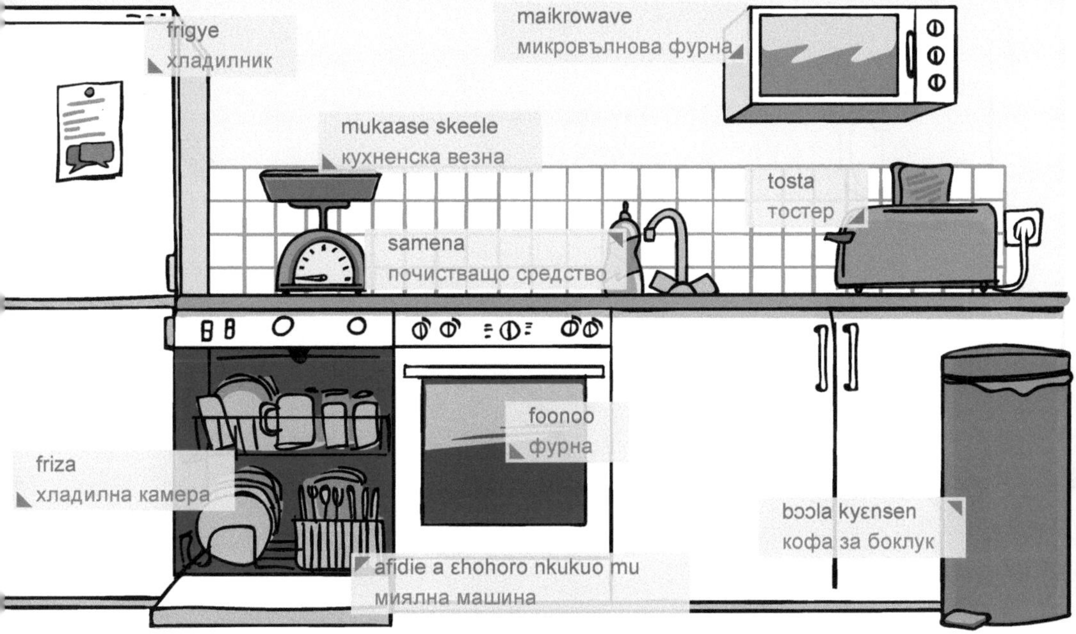
frigye
хладилник
maikrowave
микровълнова фурна
mukaase skeele
кухненска везна
tosta
тостер
samena
почистващо средство
foonoo
фурна
friza
хладилна камера
bɔɔla kyɛnsen
кофа за боклук
afidie a ɛhohoro nkukuo mu
миялна машина

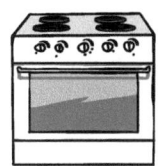

abɛɛfo bukyea

готварска печка

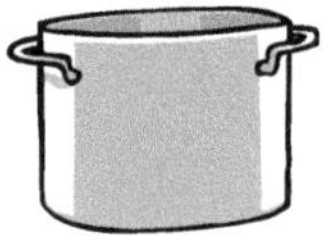

kokuo

тенджера

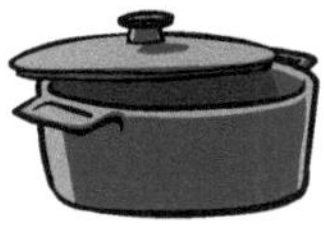

dadesɛn

желязна тенджера

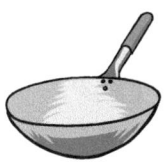

wok / kadai

уок / кадаи

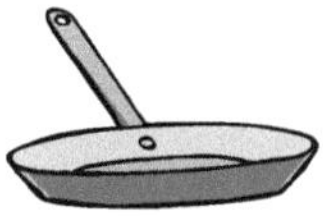

kyɛnsee

тиган

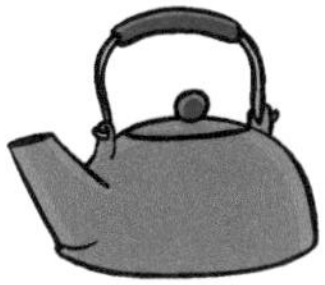

nsuo hyeɛ afidie

кана за затопляне на вода

stiima

уред за готвене на пара

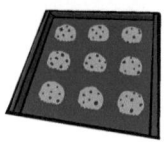

apa a yε to so adeε

тава за печене

prεte, kuruwa, ntere ne nea
εkeka ho

съдове

kuruwa a etumi bɔ

чаша

kyεnsee

купа

nnua a yεde didi

клечки за хранене

kwantre

черпак

dua atere

лопатка за тиган

yεde nu adeε mu

тел за разбиване (на яйца,
белтъци)

sɔneε

кошница за варене

fefe

гевгир

greta

ренде

waduro

хаван

kyinkyinga

барбекю

bukyea

огнище

εpono a yε twitwaso adeε

дъска

εta

точилка

deε yεtu nsa so

тирбушон

konko

кутия

deε yεde bue konko so

отварачка за консерви

yεde sɔ kukuo mu

кухненска ръкохватка

sink

мивка

brɔhye

четка

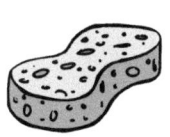

sapɔ

гъба

aduane yam fidie

миксер

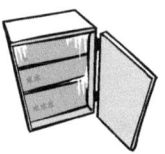

friza nini

фризер

toa a abɔdoma nom ano

бебешко шише

paipo

воден кран

adwareɛ

баня

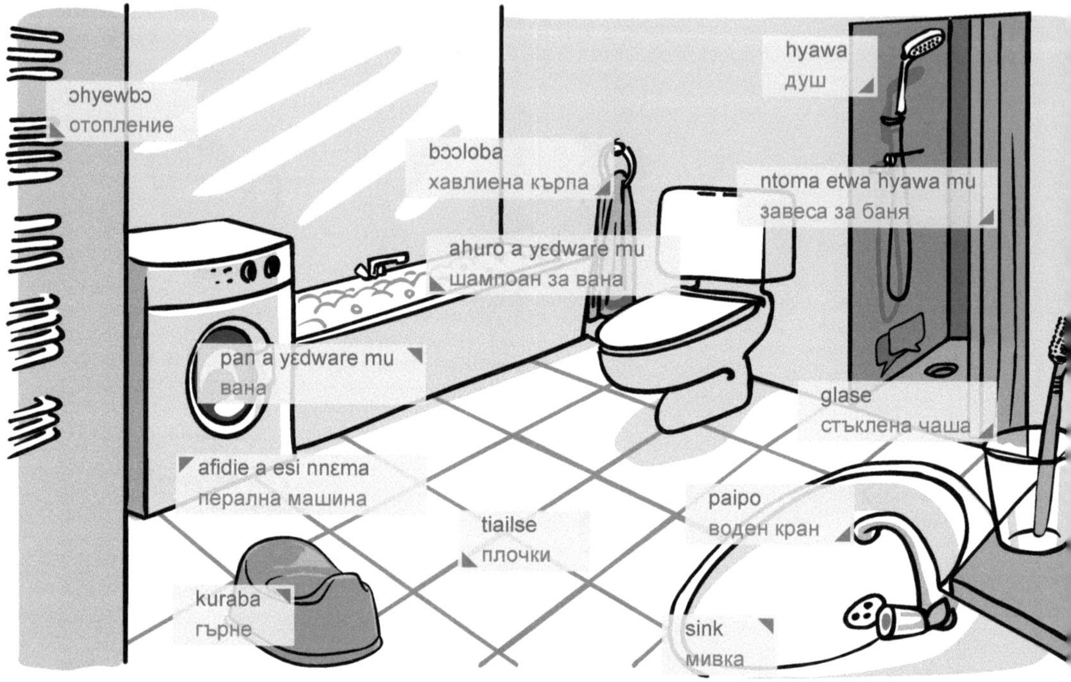

ɔhyewbɔ
отопление
bɔɔloba
хавлиена кърпа
hyawa
душ
ntoma etwa hyawa mu
завеса за баня
ahuro a yɛdware mu
шампоан за вана
pan a yɛdware mu
вана
glase
стъклена чаша
afidie a esi nnɛma
перална машина
paipo
воден кран
tiailse
плочки
kuraba
гърне
sink
мивка

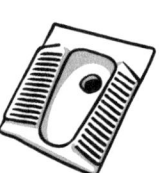

teɛfi

тоалетна

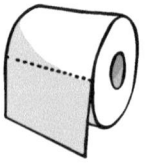

teɛfi a yɛ koto so

клекало

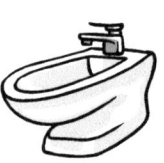

bidet teɛfi

биде

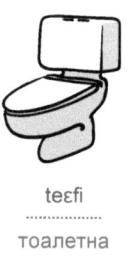

dwonsɔ dan

писоар

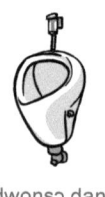

teɛfi so krataa

тоалетна хартия

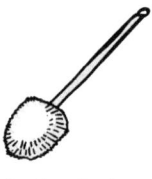

teɛfi so brɔhye

четка за тоалетна

brɔhye a yɛde twitwiri see

четка за зъби

aduro a yɛde twitwiri see

паста за зъби

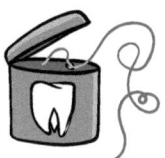

yɛde yiyi ɛsee mu

конец за зъби

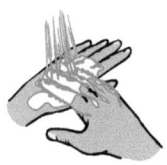

si

мия

hyawa a yɛsɔ mu

ръчен душ

paipo a yɛde hohoro ananmu

интимен душ

bokiti

леген

brɔhye a wode dware w'akyi

четка за гръб

samena

сапун

hyawa samena

душ гел

nsuo samena

шампоан за вана

flanɛl ntoma

гъба за баня

baabi a nsu fa pue

сифон

nku

крем

yɛde fefa amotoamu

дезодорант

ahwehwɛ

огледало

ahwehwɛ a yɛsɔ mu

козметично огледало

bled

ръчна самобръсначка

ahuro a yɛde yi nwi

пяна за бръснене

aduro a yɛde fefa baabi a
wo ayi nwi

одеколон за след
бръснене

afen

гребен

brɔhye

четка

afidie a ɛwo nwi

сешоар

enwi sopre

спрей за коса

pɔns

грим

lipstike

червило

penti a yɛde mɔreɛ so

лак за нокти

asaawa

памук

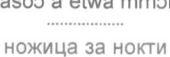

apasɔɔ a etwa mmɔreɛ

ножица за нокти

aduhwam

парфюм

adwareɛ baage

тоалетна чантичка

edwa

табуретка

skele

везна

adwereɛ ataadeɛ

хавлия

rɔba a yɛde hyɛ nsa ho

домакински ръкавици

tampon

тампон

abɛɛfo amonsen

дамски превръзки

teɛfi a aduro gum

химическа тоалетна

nkwadaa dan mu

детска стая

klɔk a ɛbɔ nkaeɛ
будилник
kyoobi
плюшена играчка
toi kaa
автомобил играчка
akasaa
дрънкалка
broniba dan
къща за кукли
seeseiara
подарък

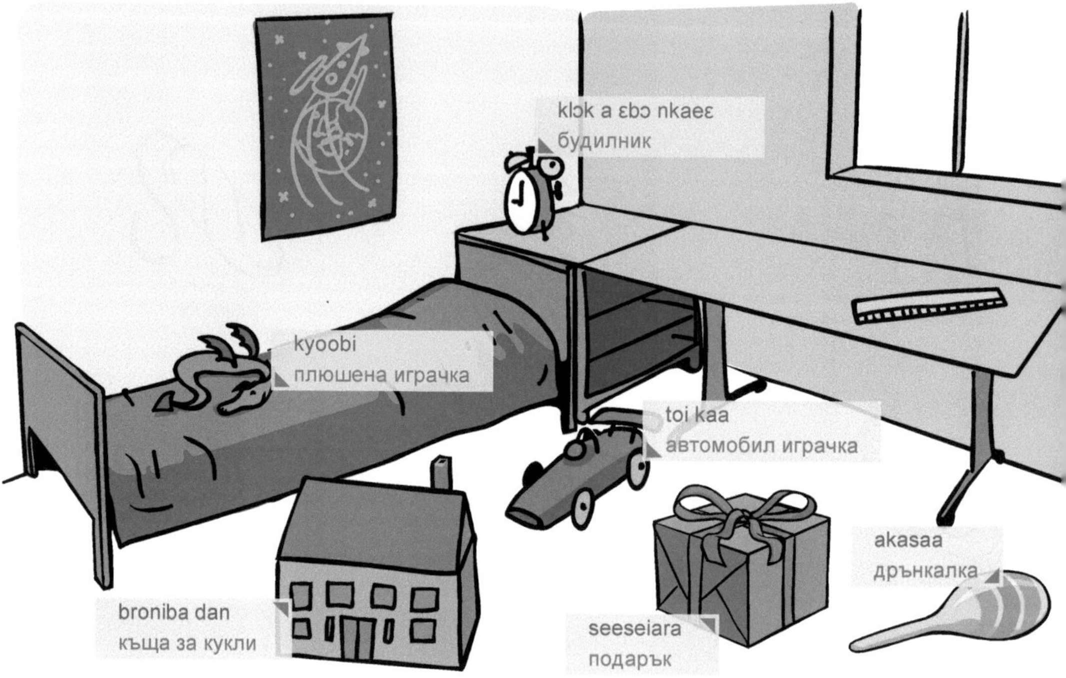

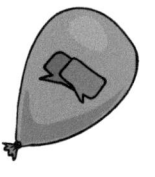

baaluu

балон

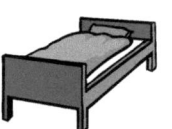

mpa

легло

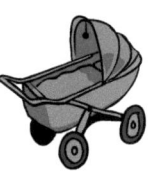

nkwadaa kaa

детска количка

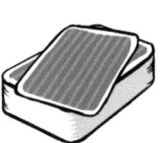

sopaa

игра на карти

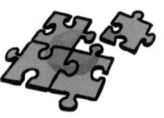

gyiksɔɔ

пъзел

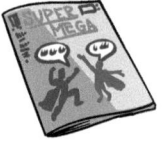

nsɛnkwa

комикс

lego blɔg

лего елементи

blɔg a yɛde si dan

строителни елементи

nnipa ɔbɔhye

екшън фигурка

abɔdoma ataadeɛ

бебешки гащеризон

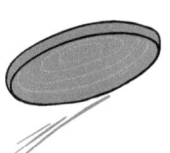

frisbee

фрисби

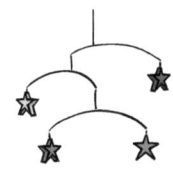

mobail

бебешки играчки за легло

ponoso agodie

настолна игра

daahye

зарче

nkwadaa keteke

миниатюрно влакче

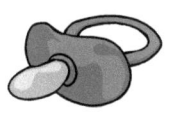

koliko

биберон

apontoɔ

парти

nfonin nwoma

детска книга с илюстрации

bɔɔlo

топка

broniba

кукла

di agorɔ

играя

anwea adaka

пясъчник

adonko

люлка

tois

играчка

video agodie apaawa

игрова конзола

sakre a ne nan meɛnsa

велосипед с три колелета

kyoobi

плюшено мече

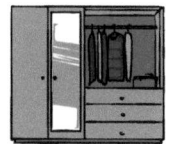

wɔdropo

гардероб

ntaadeɛ

облекло

sɔks

къси чорапи

stokens

дълги чорапи

sekentait

чорапогащник

duku
шал

kyinieɛ
чадър

t-hyɛɛt
Т-шърт

bɛlɛte
колан

mpaboa
ботуши

kyalewate
пантофи

kamboo
гуменки

asopatre
сандали

mpoboa
обувки

rɔba mpaboa
гумени ботуши

ɛtam
слип

bra
сутиен

singlɛte
долна блуза

ntaadeɛ - облекло

45

nipadua
....
боди

trɔsa
....
панталон

gyins
....
дънки

sekɛɛt
....
пола

ɛsoro ataadeɛ
....
блуза

hyɛɛte
....
риза

nkatoho a ɛko awɔ
....
пуловер

hoodie
....
суичър

koot
....
блейзър

nkatasɔɔ
....
яке

nkatasɔɔ
....
палто

nsutɔ mu nkataho
....
дъждобран

dwumadie bi ho ataadeɛ
....
костюм

mmaa atadeɛ
....
рокля

ayefrɔ ataadeɛ
....
булчинска рокля

kootu

костюм

mmaa ataadeɛ a yɛde da

нощница

pigyamas ataadeɛ

пижама

sari

сари

duku

кърпа за глава

abotire

тюрбан

burka

бурка

kaftan

кафтан

nkramofoɔ mmaa atadeɛ

абая

ataadeɛ a yɛde dware nsuo

бански костюм

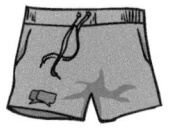

asenemu ataadeɛ

плувни шорти

nika

къс панталон

agokansie ntaadeɛ

анцуг

akatasoɔ

престилка

nsa nkataho

ръкавици

botom

копче

sopɛɛse

очила

ahwneɛ

гривна

komadeɛ

верижка

kawa

пръстен

asomadeɛ

обеца

ɛkyɛ

каскет

yɛde koot sɛn so

закачалка

ɛkyɛ

шапка

abɔmene mu

вратовръзка

zip

цип

ɛkyɛ denden

каска

bresis

тиранти

sukuu ataadeɛ

ученическа униформа

adwuma ataadeɛ

униформа

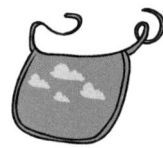

mmɔfra bib

лигавник

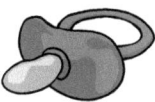

koliko

биберон

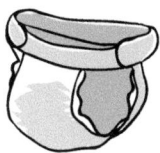

nkwadaa napken

пелена

asoeɛ

офис

sɛɛva
сървър
kabenɛt
шкаф за документи
printa
принтер
krataa
хартия
monita
монитор
Maws
мишка
ɛpono a yɛyɛ so adwuma
бюро
nhyemu
папка
ntwerɛɛɛ pono
клавиатура
n a yɛde krataa nwura gu mu
е за хартиени отпадъци
akonwa
стол
komputa
компютър

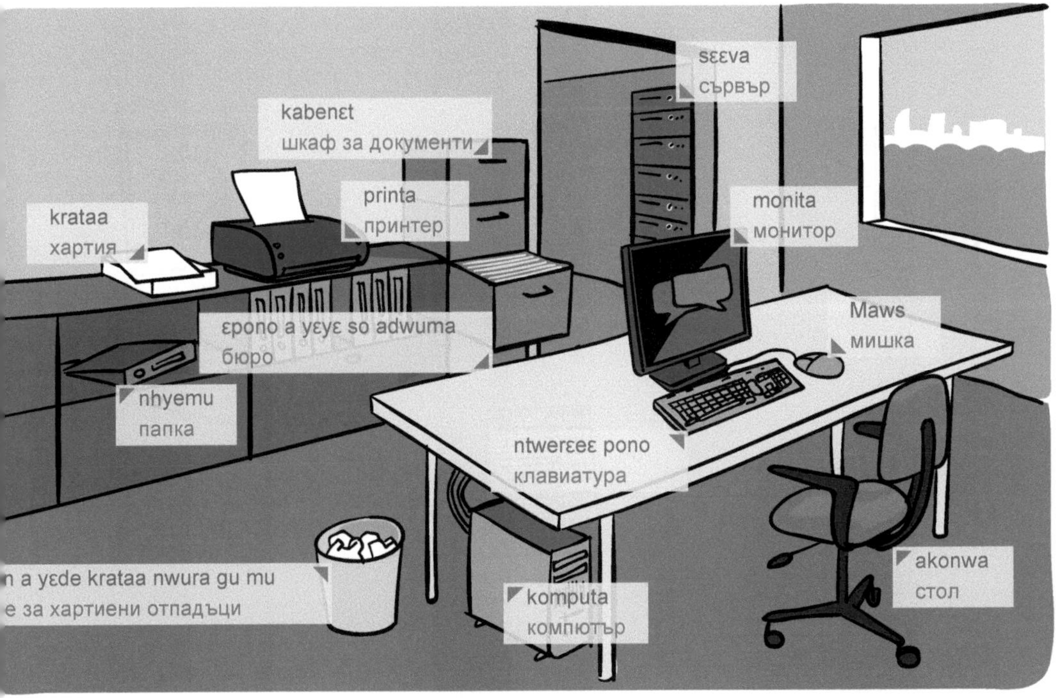

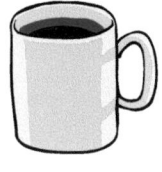

kɔfe kuruwa

чаша за кафе

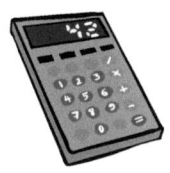

akontabuo fidie

джобен калкулатор

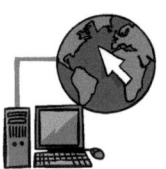

intanɛt

интернет

laptop

лаптоп

lɛta

писмо

nkratɔɔ

съобщение

mobail kasafidie

мобилен телефон

nɛtwɛke

мрежа

fotokɔpi

ксерокс

softwɛɛ

софтуер

tetefon

телефон

sɔkɛt

контакт

faks afidie

факс

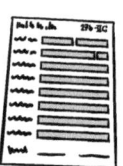

katraa

формуляр

nkrataa

документ

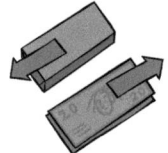

tɔ

купувам

tua

плащам

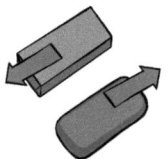

di dwa

търгувам

sika

пари

USD

dollar

долар

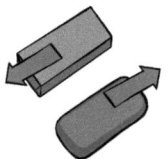EUR

euro

евро

JPY

yen

йена

RUB

rubel

рубла

CHF

Swiss franks

швейцарски франк

CNY

renminbi yuan

ренминби юан

INR

rupii

рупия

baabi yɛtua sika

банкомат

baabi a yɛ sesa sika

обменно бюро

sika kɔkɔɔ

злато

dwetɛ

сребро

now

нефт

ahɔɔden

енергия

ne bɔɔ

цена

kontragye

договор

ɛtoɔ

данък

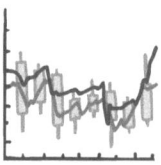

stɔk

акция

adwuma

работя

adwumayɛni

служител

adwumawura

работодател

mfididwuma mu

фабрика

sotɔɔ

магазин за цветя

x

ɔman sikasɛm - икономика

polisini
полицай

odumgya adwumayɛni
пожарникар

kuku
готвач

dɔkota
лекар

obi a otwi wiemhyɛn
пилот

ɔyɛ afuo

градинар

dua dwomfoɔ

мебелист

adepani baa

шивачка

atɛnmuafoɔ

съдия

oton nnuro

химик

sini yɛfoɔ

артист

bɔs drɔba

шофьор на автобус

taisi drɔba

шофьор на такси

ɔpofoɔ

рибар

ɔbaa a osiesie fie

чистачка

ɔbɔdanso

майстор на покриви

ɔsom adidieɛ

келнер

bɔmɔfoɔ

ловец

penta

художник

ɔto paano

хлебар

ɔyɛ nkaneɛ ho adwuma

електротехник

ɔdansifoɔ

строителен работник

inginia

инженер

ɔdwa nam

касапин

plɔmba

тенекеджия

krataa manefoɔ

пощальон

sogyani

войник

ɔdwi adan

архитект

ɔgyegye sika

касиер

ɔtɔn nhwiren

цветар

ɔyɛ tire

фризьор

meeti

кондуктор

fitani

механик

nnipa a otwi suhyɛn

капитан

ɛsee dɔkota

зъболекар

abɔdeɛ mu nimdefoɔ

научен работник

rabi

равин

kramo panin

имàм

ɔsɔfo

монах

osɔfo

свещеник

anwenade

инструменти

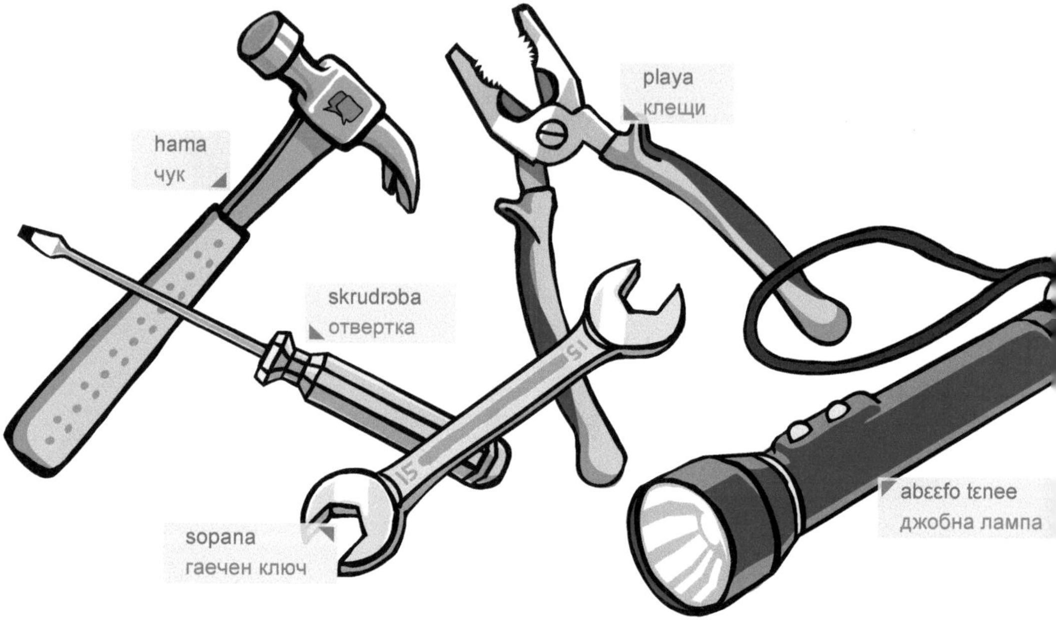
hama
чук
playa
клещи
skrudrɔba
отвертка
sopana
гаечен ключ
abɛɛfo tɛnee
джобна лампа

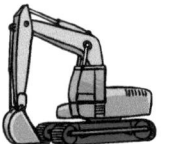

otu amena

багер

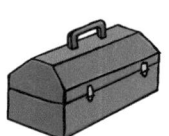

anwenade adaka

кутия за инструменти

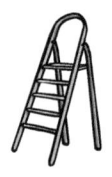

atwedeɛ

стълба

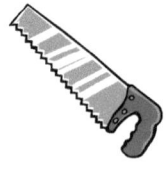

asradaa

трион

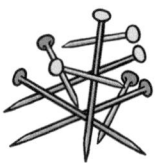

nnadewa

пирони

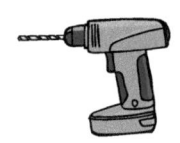

afidie a yɛde bɔne tokro

бормашина

siesie
ремонтирам

sofi
лопата

Ebei!
По дяволите!

asanwura
лопатка за смет

penti kukuo
кутия за боя

skruu
болтове

nneεma a yεde bɔ nwom
музикални инструменти

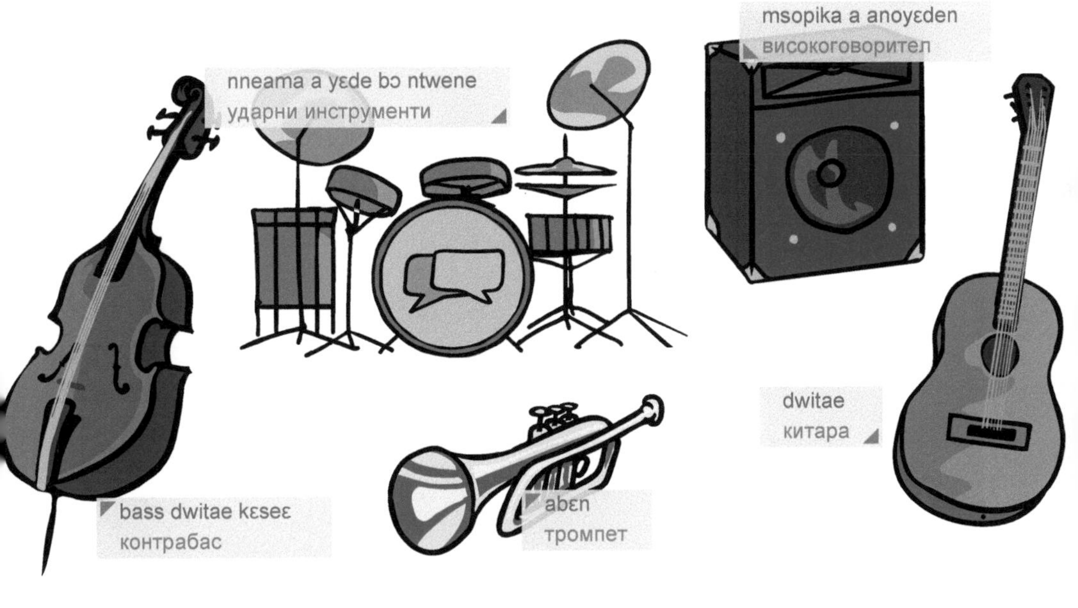

msopika a anoyεden
високоговорител

nneama a yεde bɔ ntwene
ударни инструменти

dwitae
китара

bass dwitae kεseε
контрабас

abεn
тромпет

sankuo

пиано

ahoma sankuo

виолина

bass dwitae

контрабас

atumpan

тимпан

ntwene

барабан

ntwerɛeɛ apa

електрическо пиано

saksofon

саксофон

atentenbɛn

флейта

maikrofon

микрофон

zoo

зоологическа градина

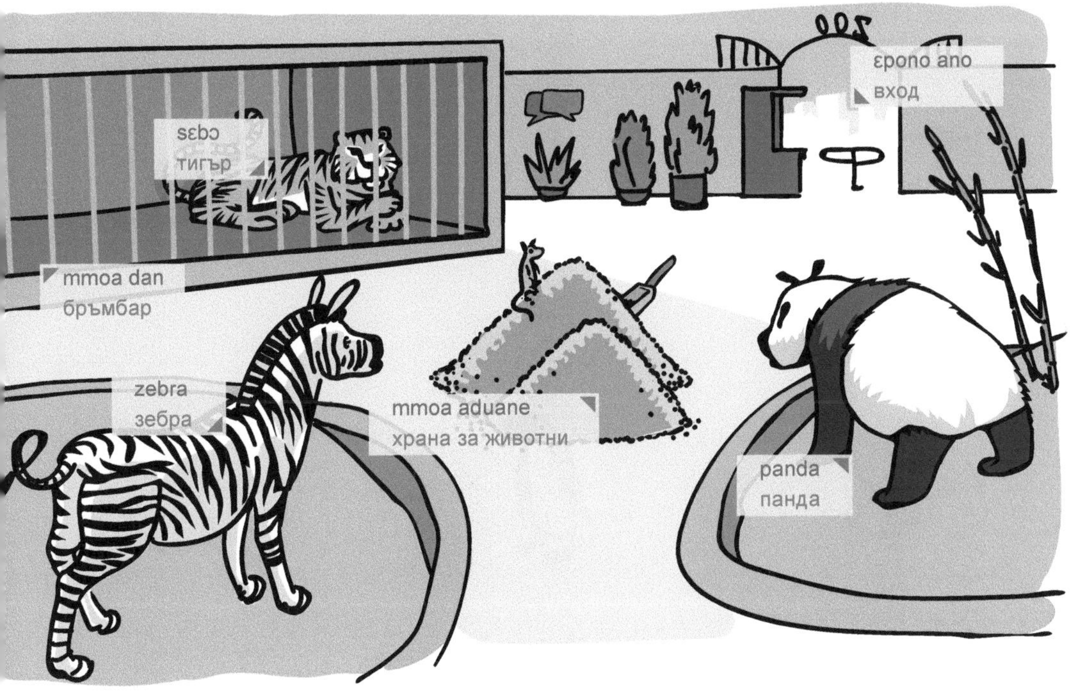

ɛpono ano
вход
sɛbɔ
тигър
mmoa dan
бръмбар
zebra
зебра
mmoa aduane
храна за животни
panda
панда

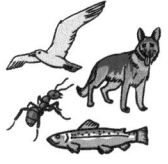

mmoa

животни

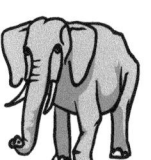

ɔsono

слон

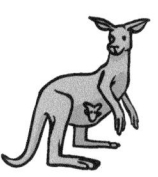

kangaru

кенгуру

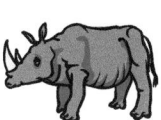

raino

носорог

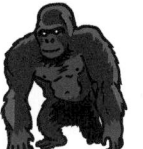

akatea

горила

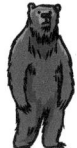

sisire

мечка

afunupɔnkɔ

камила

sohori

щраус

gyata

лъв

adwee

маймуна

flamingo

фламинго

ako

папагал

awɔ mu sisire

бяла мечка

penguin

пингвин

oboodede

акула

akɔkonini abankwa

паун

wɔwɔ

змия

dɛnkyɛm

крокодил

nnipa ɛhwɛ zoo so

пазач в зоологическа
градина

nsuo mu gyata

тюлен

sebɔ

ягуар

pɔnkɔ ba

пони

etwie

леопард

susuono

хипопотам

kɔntenten

жираф

ɔkɔdeɛ

орел

kɔkɔte

диво прасе

apataa

риба

sudandan

костенурка

walrus

морж

sakraman

лисица

ɔtwee

газела

Amerikafɔɔ futbɔɔlo
американски футбол

skre twie
колоездене

tennis
тенис

basketbɔɔlo
баскетбол

nsuom adwareɛ
плуване

asukɔkyea so hɔki
хокей на лед

akutruku
бокс

futbɔl
футбол

badmintin
бадминтон

mirikatuo
лека атлетика

bɔɔlo a yɛde nsa bɔ
хандбал

skii
ски бягане

polo
поло

sere
смея се

huri
скачам

bam
прегръщам

nante
вървя

to dwom
пея

so daeε
сънувам

bɔ mpaeε
моля се

fe ano
целувам

twerε
пиша

dwi
рисувам

kyerε
показвам

pia
бутам

ma
давам

fa
взимам

nya

имам

yɛ

правя

yɛ

съм

gyina

стоя

tu mirika

тичам

twe

дърпам

to

хвърлям

tɔ fam

падам

da hɔ

лежа

twɛn

чакам

soa

нося

tenase

седя

hyɛ ataadeɛ

обличам

da

спя

nyaɲe

събуждам се

hwɛ

разглеждам

su

плача

san ho

милвам

nunum

реша се

kasa

говоря

te aseɛ

разбирам

bisa

питам

tie

слушам

nom

пия

didi

ям

yɛ nsiesie

разтребвам

ɔdɔ

обичам

noa

готвя

twi

карам автомобил

tu

летя

fa nsuo so

плавам (с платна)

sese

смятане

kenkan

чета

sua

уча

adwuma

работя

ware

женя се

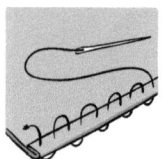

pam

шия

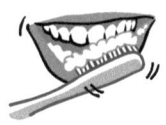

twitwiri wo se

измивам си зъбите

kum

убивам

nom gyɔt

пуша

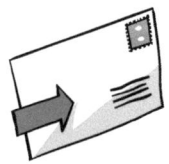

mane

изпращам

nana baa
баба

nana barima
дядо

papa
баща

maame
майка

abɔdoma
бебе

ba baa
дъщеря

ba barima
син

ɔhɔhoɔ

посетител

sewaa

леля

wɔfa

чичо

nua barima

брат

nua baa

сестра

nipadua

тяло

moma
чело
ani
око
abɛtire
рамо
nsatea
пръст
anim
лице
apantan
брадичка
nsa
ръка
nufoɔ
гърди
ɛnan
крак
nsa
ръка

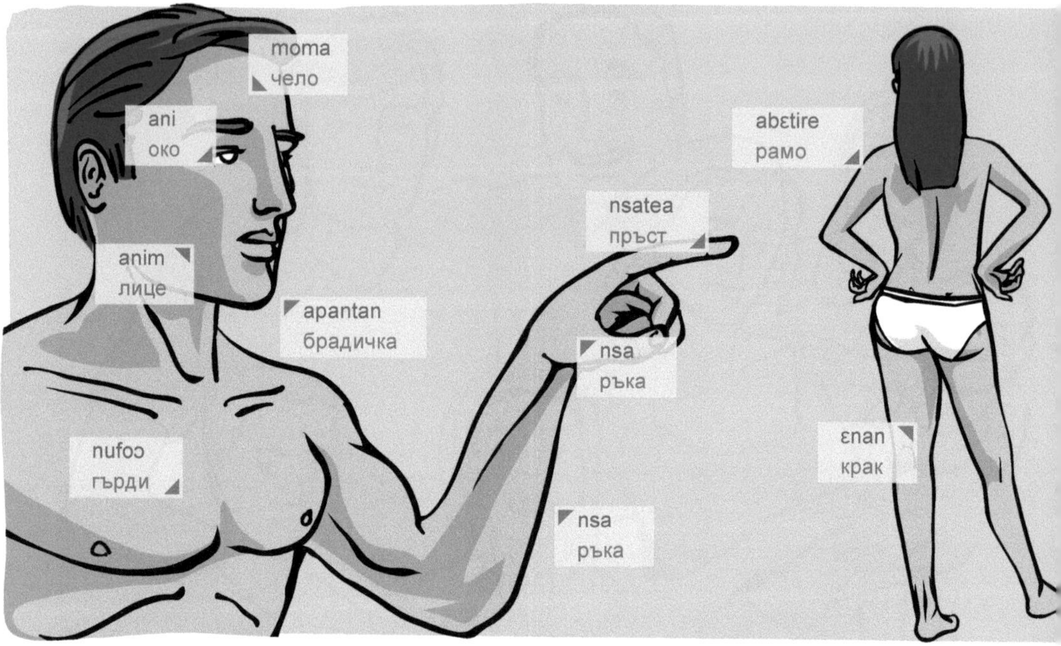

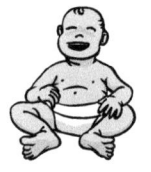

abɔdoma

бебе

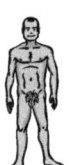

barima

мъж

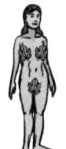

ɔbaa

жена

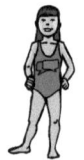

abayewa

момиче

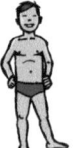

abarimawa

момче

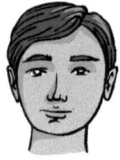

etire

глава

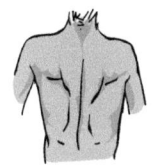

akyi

гръб

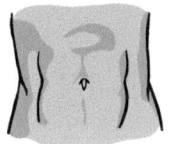

afro

корем

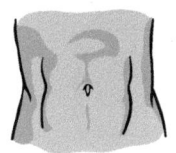

fruma

пъп

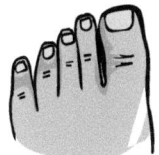

nansoa

пръст на крака

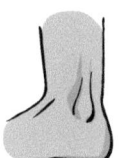

nantini

пета

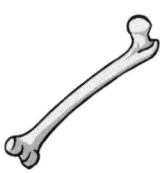

dompe

кост

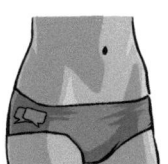

ataasɔ

хълбок

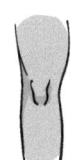

kotodwe

коляно

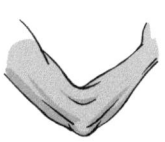

abatwɛ

лакът

ɛhwene

нос

ɛtoɔ

седалище

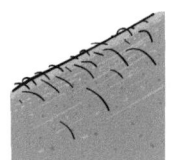

wedeɛ

кожа

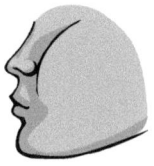

afono

буза

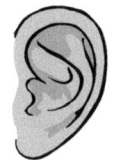

aso

ухо

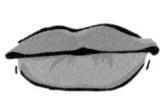

ano

устна

anom

уста

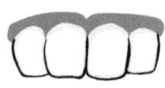

ɛsee

зъб

tɛkyerɛma

език

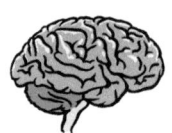

adwene

мозък

akoma

сърце

ntini

мускул

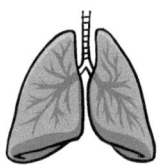

aharawa

бял дроб

brɛbɔɔ

черен дроб

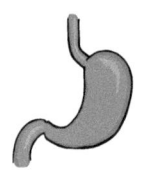

yafunu

стомах

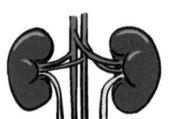

asaa

бъбреци

nna

полово сношение

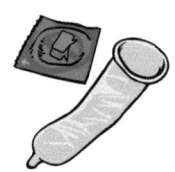

kɔndɔm

кондом

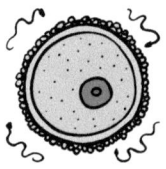

ɔbaa nkosua

яйцеклетка

barima ho nsuo

сперма

nyinsɛn

бременност

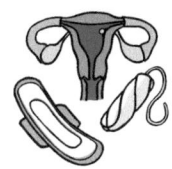

nsabuo

менструация

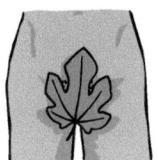

ɛtwɛ

вагина

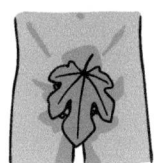

kɔteɛ

пенис

anintɔn

вежда

enwin

коса

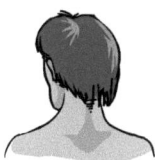

ɛkɔn

шия

ayaresabea
болница

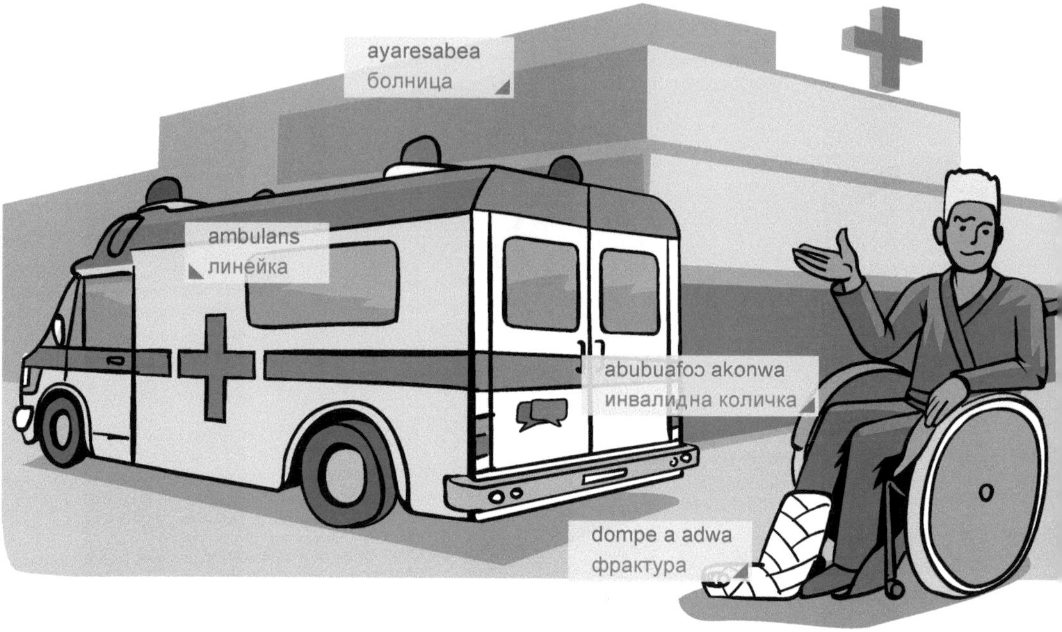

ayaresabea
болница
ambulans
линейка
abubuafoɔ akonwa
инвалидна количка
dompe a adwa
фрактура

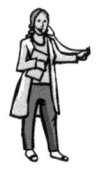

dɔkota

лекар

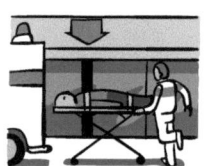

ɛdan a wɔde putupru nsɛm kɔmu

спешна хоспитализация

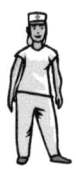

nɛɛse

медицинска сестра

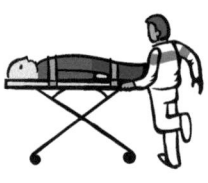

putupru

спешен случай

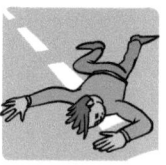

wɔ atwa ahwe

в безсъзнание

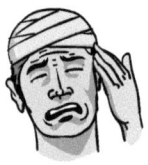

yea

болка

epira

нараняване

mogyatuo

кървене

akoma yarenini

инфаркт

stroke yareɛ

инсулт

allegyi

алергия

ɛwa

кашлица

ahɔɔhyeɛ

температура

papu

грип

ayamtuo

диария

tipaeɛ

главоболие

kokoram

рак

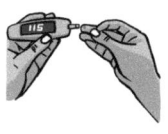

asikyire yareɛ

диабет

dɔkota a ɛyɛ oprehyɛn

хирург

skapɛl sekan

скалпел

aprehyɛn

операция

CT

компютърна томография

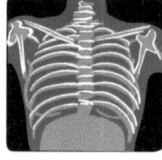

x-ray

рентген

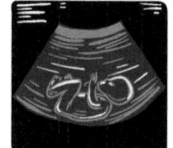

ultrasound

ултразвук

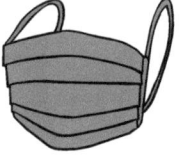

nkatanim

маска

yareɛ

болест

ɛdan a wɔ twɛn mu

чакалня

krɔhyes

патерица

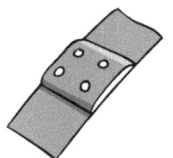

plasta

пластир

banege

превръзка

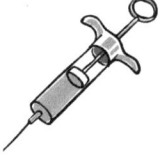

paneɛ

инжекция

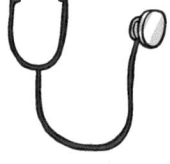

Stetoskop

стетоскоп

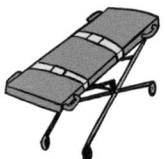

ahomankaa

носилка

afidie a esusu ahoɔhyeɛ

термометър

awoɔ

раждане

kɛseɛ mmorosoɔ

наднормено тегло

afidie a ɛboa asɛmtie

слухов апарат

aduro a ekum mmoawa

дезинфекционно средство

yareɛ a mmoawa deba

инфекция

vaarɔs

вирус

HIV / AIDS

HIV / AIDS

aduro

медицина

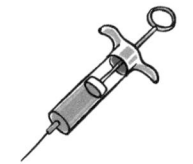

aduro a esi yareɛ ano

ваксинация

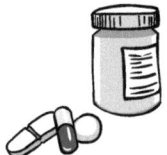

aduro tablɛte

таблети

topaeɛ

противозачатъчна таблетка

ɔfrɛ wɔ putupru so

спешно телефонно обаждане

afidie a esusu mogya mmrosoɔ

апарат за измерване на кръвното налягане

yareɛ / apomuden

болен / здрав

Boa me!

Помощ!

kɔkɔbɔ

сигнал за тревога

ɛborɔ

нападение

ato ahyɛ obi so

атака

ɛyɛ hu

опасност

baabi a yɛfa de pue putupru so

авариен изход

Ogya!

Пожар!

afidie a yɛde dumgya

пожарогасител

nkwanhyia

злополука

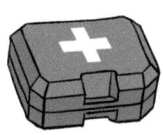

nneɛma yɛde sɔ yareɛ ano

комплект за оказване на първа помощ

SOS

SOS

polisi

полиция

Yuropo

Европа

Amerika atifi

Северна Америка

Amerika ananfoɔ

Южна Америка

Abiberm

Африка

Asia

Азия

Australia

Австралия

Atlantik

Атлантически океан

Pasifek

Тихи океан

India po kɛseɛ

Индийски океан

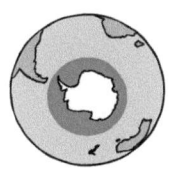

Antaatek po keseɛ

Южен ледовит океан

Aatek po kɛseɛ

Северен ледовит океан

Ewiase atifi

Северен полюс

Ewiase anaafoɔ

Южен полюс

Antaatek

Антарктида

Ewiase

Земя

asaase

суша

ɛpo

море

supɔ

остров

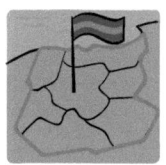

ɔman

нация

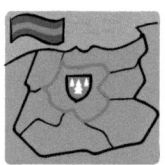

ɔman

държава

klɔko no anim

циферблат

dɔnhwere nsa no

стрелка на часовете

sima nsa

стрелка на минутите

anitɛtɛ nsa no

стрелка на секундите

Abɔ sɛn?

Колко е часът?

da

ден

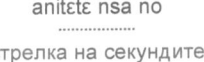

berɛ

време

seeseiara

сега

wkye a nɔma wɔ so

дигитален часовник

sima

минута

dɔnhwere

час

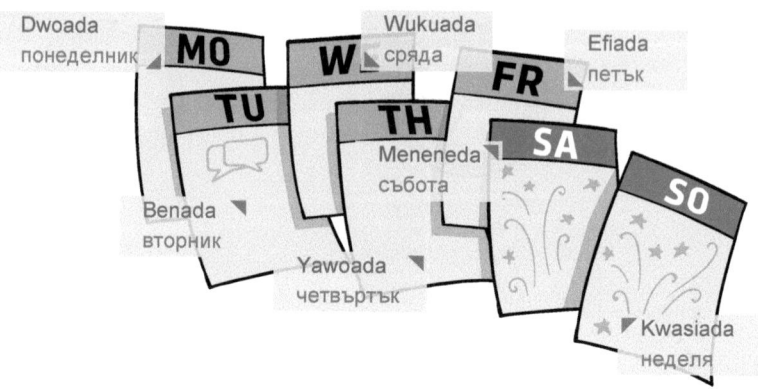

Dwoada
понеделник

Wukuada
сряда

Efiada
петък

Benada
вторник

Meneneda
събота

Yawoada
четвъртък

Kwasiada
неделя

ɛnora

вчера

ɛnora

днес

ɔkyina

утре

anɔpa

сутрин

prɛmtobrɛ

обед

anwumerɛ

вечер

MO	TU	WE	TH	FR	SA	SU
1	2	3	4	5	6	7
8	9	10	11	12	13	14
15	16	17	18	19	20	21
22	23	24	25	26	27	28
29	30	31	1	2	3	4

adwuma nna

работни дни

MO	TU	WE	TH	FR	SA	SU
1	2	3	4	5	6	7
8	9	10	11	12	13	14
15	16	17	18	19	20	21
22	23	24	25	26	27	28
29	30	31	1	2	3	4

nnawɔtwe awieɛ

уикенд

afe

година

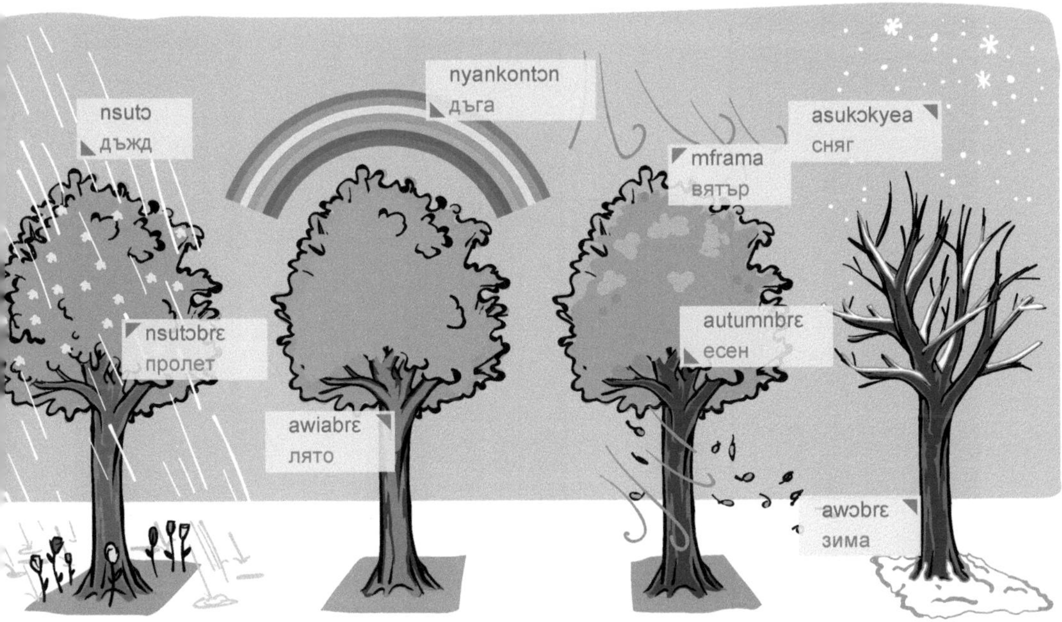

nsutɔ
дъжд
nyankontɔn
дъга
asukɔkyea
сняг
mframa
вятър
nsutɔbrɛ
пролет
autumnbrɛ
есен
awiabrɛ
лято
awɔbrɛ
зима

4.APRIL 11°
5.APRIL 4°
6.APRIL 13°
7.APRIL 8°
8.APRIL 10°

ewiem nsakrɛɛɛ

прогноза за времето

F
C
120
90
60
30
0
-30
40
30
20
10
0
-10
-20

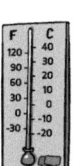

afidie a esusu ade ho hyeɛ

термометър

awiabɔ

слънчева светлина

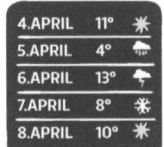

munukum

облак

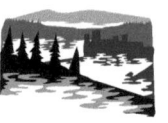

ɛbɔ

мъгла

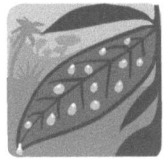

ewiem nsuo

влажност на въздуха

ayerɛmo

светкавица

apranaa

гръмотевица

ehum

буря

asukɔkyea

градушка

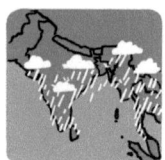

monsoonbrɛ

мусон

nsuyiri

наводнение

aise

лед

ɔpɛpɔn

януари

ɔgyefoɔ

февруари

ɔbɛnem

март

Oforisuo

април

Kotonimaa

май

Ayɛwohomumu

юни

Kitawonsa

юли

ɔsanaa

август

afe - година

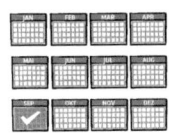

εbɔ
....
септември

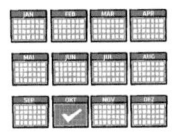

Ahinime
....
октомври

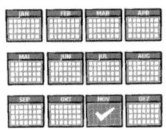

Obubuo
....
ноември

ɔpɛnimaa
....
декември

abosuo
форми

kanko
....
кръг

sokwɛɛ
....
квадрат

rɛktangel
....
четириъгълник

triangel
....
триъгълник

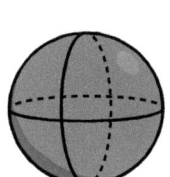

krukruwa
....
сфера

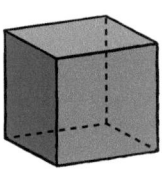

adaka
....
куб

fitaa

бял

akokɔ sradeɛ

жълт

ankaa

оранжев

pink

розов

kɔkɔɔ

червен

pɛpol

лилав

bruu

син

ahaban mono

зелен

braun

кафяв

nson

сив

tuntum

черен

pii / ketewa

много / малко

wo boafu / wɔ adwo

ядосан / спокоен

ɛyɛ fɛ / ɛyɛ tan

красив / грозен

ahyɛseɛ / awieɛ

начало / край

kɛseɛ / esua

голям / малък

ɛha / esum

светъл / тъмен

nuabarima / nuabaa

брат / сестра

ɛho te / ayɛ fin

чист / мръсен

awie / enwieɛ

пълен / непълен

awia / anadwo

ден / нощ

awu / ɛte ase

мъртъв / жив

emubae / ɛyɛ tea

широк / тесен

yɛde /yɛnni

ядлив / неядлив

bɔne / tema

сърдит / любезен

wɔ aniagye / wɔ ani nka

развълнуван / скучаещ

ɔso / teatea

дебел / тънък

edikan / etwatoɔ

най-напред / най-накрая

adamfoɔ / atamfo

приятел / враг

ayɛ mma / hwee nim

пълен / празен

ɛdenden / mmerɛ mmerɛ

твърд / мек

ɛyɛ duru / ɛyɛ ha

тежък / лек

ɛkɔm / nsukɔm

глад / жажда

yareɛ / apomuden

болен / здрав

etia mmara / ɛwɔ mmara mu

нелегален / легален

nyansa / gyimi

интелигентен / глупав

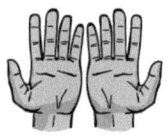

benkum / nifa

ляво / дясно

ɛbɛn / akyire

близо / далече

foforɔ / dada

нов / употребяван

hwee / biribi

нищо / нещо

wɔ anyini/ ɔsua

стар / млад

sɔ /dum

вкл. / изкл.

bue / tom

отворен / затворен

dinn / dede

тих / силен (звук)

ɔdefoɔ / ohia

богат / беден

nifa / benkum

правилен / погрешен

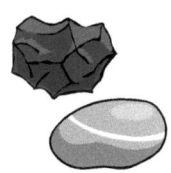

werewerɛwerewerɛ / trontron

грапав / гладък

awerɛhoɔ / anigyeɛ

тъжен / щастлив

tietia / tenten

дълъг / къс

nyaa / ntɛm

бавен / бърз

afɔ / awo

мокър / сух

dedɛɛdeɛɛ / adwo

топъл / студен

akoo / asomdweɛ

война / мир

0

hwee

нула

1

baako

едно

2

mienu

две

3

meɛnsa

три

4

ɛnan

четири

5

enum

пет

6

nsia

шест

7

nson

седем

8

nwɔtwe

осем

9

nkron

девет

10

edu

десет

11

du-baako

единадесет

12

du-mienu

дванадесет

13

du-meɛnsa

тринадесет

14

du-nan

четиринадесет

15

du-num

петнадесет

16

du-nsia

шестнадесет

17

de-nson

седемнадесет

18

du-nwɔtwe

осемнадесет

19

du-nkron

деветнадесет

20

aduonu

двадесет

100

ɔha

сто

1.000

apem

хиляда

1.000.000

ɔpepem

милион

Brofo

английски

Amerikafoɔ Brofo

американски английски

Chainfoɔ Mandarin

китайски мандарин

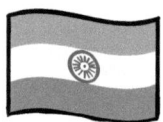

Hindi

хинди

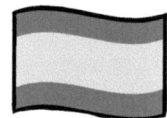

Spainfoɔ kasa

испански

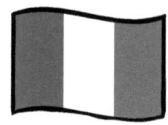

French kasa

френски

Arabia kasa

арабски

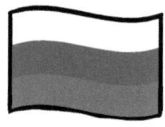

Russianfoɔ kasa

руски

Portugalfoɔ kasa

португалски

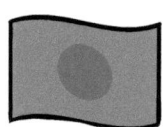

Bengali

бенгалски

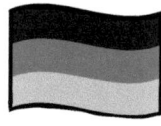

Germanfoɔ kasa

немски

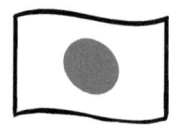

Japanfoɔ kasa

японски

Me

аз

wo

ти

ono

той / тя / то

yɛn

ние

wo

вие

ɔmmo

те

hwan?

кой?

deɛ bɛn?

какво?

ɛyɛ deɛn?

как?

ehen?

къде?

dabɛn?

кога?

edin

име

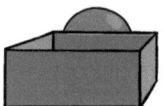

akyire

зад

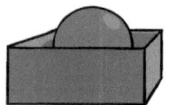

emu

в

anim

пред

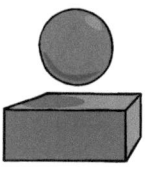

εsoro

над

εso

върху

aseε

под

nkyεn

до

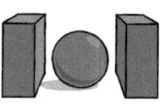

ntεm

между

beaε

място